Descubre cómo funciona el mundo que te rodea

LIBSA

© 2020, Editorial LIBSA
c/ San Rafael, 4 bis, local 18
28108 Alcobendas (Madrid)
Tel.: (34) 91 657 25 80
e-mail: libsa@libsa.es
www.libsa.es

Colaboración en textos: Carla Nieto Martínez
Edición, diseño y maquetación: Lola Maeso Fernández
Fotografía: Archivo editorial Libsa, Shutterstock, Getty Images

ISBN: 978-84-662-3984-4

DL: M-7460-2020

Introducción

Si eres un niño o niña que:

- ☑ Te preguntas qué es «eso» que hace que los aparatos, los electrodomésticos, etc. se pongan en marcha al encenderlos.
- ☑ Te interesa el origen de los objetos que utilizas a diario.
- ☑ Te intriga mucho todo lo relacionado con los ordenadores, Internet y la informática.

En definitiva, si eres de los que no se conforman con utilizar las cosas sino que siempre te preguntas cómo funcionan y te haces preguntas como:

> ¿Cómo funciona una cerradura?

> ¿Por qué vuelan los aviones?

> ¿Qué es eso de un navegador GPS?

Este es, sin duda, tu libro. Aquí encontrarás una explicación sencilla a las preguntas que te puedes plantear habitualmente, desde la formación del Universo hasta la desaparición de los dinosaurios, pasando por inventos que han cambiado la vida de la Humanidad o el proceso de fabricación de los alimentos que más consumimos. Y como sabemos que no te gustan las explicaciones complicadas, te presentamos respuestas rápidas, ideas concretas y datos curiosos que te ayudarán a resolver tus dudas:

> Si el Universo surgió de la nada, ¿cómo se convirtió en algo?, ¿por qué hay distintas horas en la Tierra?, ¿cómo hacían los egipcios las momias?, ¿de qué están hechas las cosas?, ¿cómo se hace la ropa?, ¿de dónde viene el pan que compramos en la panadería?, ¿cómo llega la electricidad a las casas?

Tú decides si quieres guardar el por qué de estos y otros muchos «secretos» para ti o compartirlos con tus amigos y amigas. Y ahora,

¡empieza a leer y a disfrutar!

SI EL UNIVERSO SURGIÓ DE LA NADA, ¿CÓMO SE CONVIRTIÓ EN ALGO?

1. Se cree que en sus orígenes el Universo era un **grano** de un **tamaño mínimo**, que estaba metido en una especie de **caldo**, formado de **polvo y gas**, a una una temperatura equivalente a **billones de grados centígrados**. Cuando se produjo la «gran explosión», hace entre 10 y 20 billones de años, ese grano diminuto empezó a **crecer**, como si de repente hubiera recibido una gran dosis de energía.

2. Al mismo tiempo, empezaron a flotar en él millones de **partículas diminutas**, que al principio desprendían muchísimo calor pero que se fueron enfriando a medida que el Universo se expandía.

3. Estas partículas se fueron juntando entre sí, dando lugar a otras más grandes llamadas **átomos**. Mientras, debido a la gravedad, la materia se fue **agrupando** hasta formar **nubes** de estos primeros elementos.

de años es uno de los grandes enigmas que desde siempre han intentado solucionar los científicos. La teoría más aceptada hasta ahora es la del Big Bang (que en inglés significa «gran explosión»).

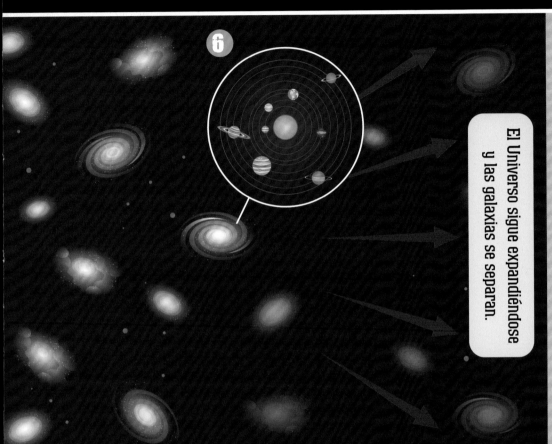

6

El Universo sigue expandiéndose y las galaxias se separan.

¿HUBO O NO EXPLOSIÓN?

Los estudios más recientes han demostrado que en realidad no se trató de una explosión propiamente dicha, sino la expansión repentina de ese diminuto grano inicial.

4

El **Universo**, que desde la explosión había estado en la más absoluta oscuridad, empezó a **iluminarse** con lo que se conoce como **«primera luz»**: unos fragmentos de átomos que se empezaron a unir entre sí, formando las primeras estrellas. ¿Cómo fue posible? Del calor indescriptible e insoportable que hacía cuando se produjo el Big Bang, la temperatura espacial fue bajando hasta conseguir un punto de enfriamiento que hizo posible que estas «piezas» se unieran entre sí… para ya no separarse.

5

Junto a las **estrellas** también nacieron las **galaxias**.

6

Millones de años después, y a partir de los restos de esas primeras estrellas, se fueron formando los **planetas** alrededor del astro central, el Sol. Fue así como surgió nuestro **sistema solar**.

CURIOSIDADES

Nadie sabe exactamente qué tamaño tiene el Universo. ¡Todavía no se ha inventado un telescopio lo suficientemente potente como para confirmar este dato!

¿QUÉ ES UN AGUJERO NEGRO?

Aunque es casi imposible detectar su presencia simplemente observando el firmamento, los agujeros negros son una de las formaciones espaciales que más intrigan a los astrónomos y a los estudiosos del Universo. Y es que estos «huecos siderales» están rodeados de altas dosis de misterio...

CURIOSIDADES

La cantidad de materia que tienen los agujeros negros en su interior es similar a la que tienen unos 10 millones de soles • En comparación con las dimensiones de otros elementos espaciales, se les considera unas estructuras «pequeñas»... a pesar de que tienen un radio de unos 3 millones de kilómetros • La mayoría de las galaxias –incluida la Vía Láctea, que es la nuestra– tienen un agujero negro en el centro • No hay peligro de que nuestro planeta sea absorbido por el agujero negro que hay en el centro de la Vía Láctea, ya que está a una distancia de 24 000 años luz.

NO SE VEN, PERO ESTÁN

Los agujeros negros se camuflan muy bien en el Universo. Entonces, ¿cómo saben los astrónomos y científicos dónde hay uno? Pues por los fenómenos que se producen alrededor de ellos, como el cambio de trayectoria de la materia, el gas y la luz que pasan cerca y que los hace desaparecer. Además, se ha comprobado que antes de ser «engullida» por un agujero negro, la materia emite unos rayos X como consecuencia del efecto de la altísima gravedad, así que este es otro dato que permite localizar estos hoyos.

1 Cuando una **estrella** de gran tamaño **envejece, pierde energía** y su **luz «se apaga»**. Como consecuencia de ello, su **masa** va **enfriándose** y **replegándose** sobre sí misma…

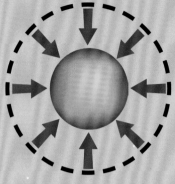

… hasta quedar convertida en un **espacio** muy **pequeño** pero súper-mega-ultra **denso**, en el que queda comprimido todo ese material del que estaba compuesta la estrella. Ese espacio tiene una **fuerza de gravedad** enorme que hace que atraiga hacia él todo lo que circula a su alrededor, «tragándoselo» como si fuera una gran boca. La **capacidad** de **absorción** que tienen estos agujeros es **ilimitada**, y devoran todo el material que los rodea: otras estrellas, gases, sistemas solares enteros e, incluso, otros agujeros negros.

2 A medida que van incorporando materia en su interior, **mayor** es su **masa** y, también, más **potente** es su **gravedad**, por lo que su potencia de «aspiración» aumenta. Por esta **capacidad de absorción** se les llama **«hoyos»** o **«agujeros»**, aunque tienen la peculiaridad de que en ellos pueden entrar cantidades ilimitadas de cosas, pero **ninguna puede salir**. Y se les llama **«negros»** porque una de las cosas que más rápidamente **absorben** es la **luz**, que no puede escapar de ellos. Y como se «tragan» la luz, tienen el mismo color del universo: negro.

¿POR QUÉ hay distintas HORAS en la TIERRA?

MOSCÚ   PARÍS   LONDRES   NUEVA YORK

Cuando tú te estás levantando por la mañana los niños de otros países acaban de salir del colegio y otros están a punto de meterse en la cama. Y es que en la Tierra hay distintas horas «universales», que son las que marcan los relojes.

20:0

9:15

SOL

MOVIMIENTO DE ROTACIÓN
(24 horas)

1 La **Tierra** realiza dos tipos de movimientos: el que hace alrededor del Sol (de traslación, que dura un año) y el que realiza sobre sí misma, de 24 horas –un día– de duración: el **movimiento de rotación**.

TIERRA

LUNA

2 Como consecuencia del movimiento de rotación, por el que gira de oeste a este, unas **zonas** quedan **iluminadas** por el Sol (es de **día**), mientras que **otras** están en la oscuridad (es de **noche**).

DÍA

NOCHE

A su vez, y según el lugar del planeta en el que se encuentren, mientras en unas zonas de día está **amaneciendo**, otras contemplan el **atardecer**, y lo mismo ocurre con las zonas nocturnas. Este **desfase** presentaba muchos **problemas** para ajustar las actividades diarias a un **horario** y, sobre todo, para el **comercio** y la **navegación** entre los países.

Fue así como a un grupo de expertos se les ocurrió una solución que diera un poco de **orden** a los horarios mundiales y para ello se fijaron en las líneas imaginarias que dividen la esfera terrestre de arriba a abajo: los **meridianos**.

MERIDIANOS

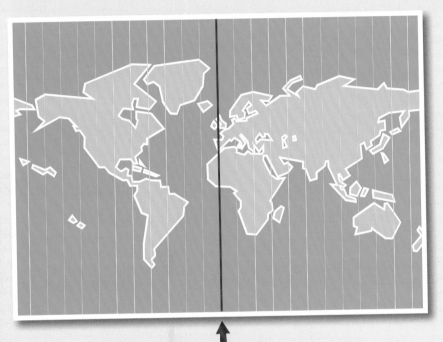

GREENWICH • MERIDIANO CERO

4 Así nacieron los **husos** o **zonas horarias**, esto es, las **24 partes** o divisiones (parecidas a los gajos de una naranja), **de 15°** cada una, en las que los expertos estructuraron la esfera terrestre. ¿Y por qué cada una de 15°? Porque ese fue el **resultado** de **dividir** los 360° de esa esfera entre las 24 horas que dura un día.

5 Estos **husos horarios** tienen como punto de partida una población inglesa, **Greenwich**, considerada como el **meridiano cero**, y se distribuyen 12 a la derecha y 12 a la izquierda de ese «punto cero». A partir de ese punto, se añade una hora por cada huso horario que se recorra a la derecha (el este de Greenwich) y se resta una hora a medida que se avanza hacia la izquierda (oeste de Greenwich).

¿Y POR QUÉ GREENWICH?

En 1884 un grupo de expertos en el tema se reunieron en Washington (EE.UU.) y, con el mapa delante, determinaron situar el meridiano cero o central cerca de Londres, en la localidad de Greenwich. En esa época el Imperio británico era la nación más poderosa de Europa.

CURIOSIDADES

Países muy grandes, como Australia y EE.UU., abarcan distintos husos horarios y por eso, las horas son distintas según la zona de su territorio de que se trate • En cambio China, cuya enorme extensión (más de 5 000 km, de oeste a este) hace que atraviese varios husos horarios, solo tiene una hora oficial en todo su territorio, por decisión de sus gobernantes.

9

¿POR QUÉ SABEMOS QUE EXISTIERON LOS DINOSAURIOS?

Aunque desaparecieron de la faz de la Tierra hace unos 65 millones de años, nadie duda de la existencia de los dinosaurios. Pero, ¿cómo es posible que sin tener ninguna imagen los expertos sepan tantas cosas acerca de estos animales? La respuesta la tienen los fósiles.

1

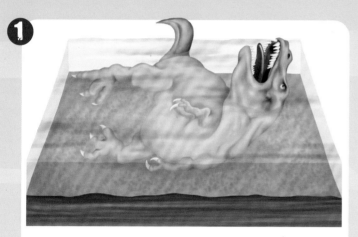

Los **restos fósiles** de la mayoría de los dinosaurios se formaron de la siguiente manera: cuando el animal **moría**, generalmente a la orilla de un río, su **cuerpo** era **cubierto** poco a poco por capas de **tierra** (sedimentos) e iniciaba un proceso de **descomposición**.

2

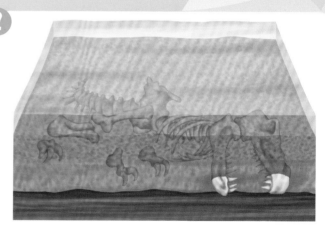

Lo primero que **desaparecía** era la **piel** y la **carne**, mientras que el **esqueleto**, mucho más resistente, se mantenía más o menos **completo** y **entero**.

3

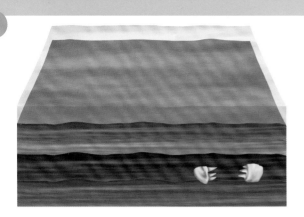

Poco a poco, ese esqueleto se iba **cubriendo** de capas de **tierra**, **piedras** y **barro** hasta quedar «**impreso**» en la **roca** en la que se ha transformado, formando parte del subsuelo. Es decir, se ha convertido en un **fósil**.

4

Estos fósiles han permanecido en las **capas más profundas** del suelo terrestre durante **miles de millones de años**.

5

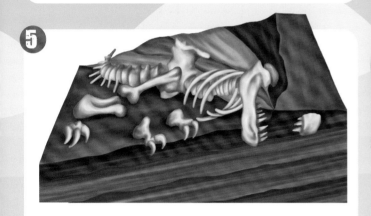

Pero como consecuencia de los continuos **movimientos** a los que está sometida la **Tierra**, en un momento determinado esos **fósiles** emergen a la **superficie**. Cuando las rocas que recubren el esqueleto fosilizado se erosionan como consecuencia de la acción del viento, la lluvia, etc., este esqueleto fosilizado del dinosaurio queda expuesto y es entonces cuando los **paleontólogos** (que son los encargados del estudio de estos restos) lo **descubren** y se encargan de analizarlos en profundidad.

NO SOLO HUESOS

Los paleontólogos analizan los fósiles y, como si de las piezas de un puzle se tratara, los encajan hasta reproducir no solo el aspecto sino también la forma de vida de los dinosaurios.

CURIOSIDADES

Los primeros restos de los dinosaurios fueron descubiertos hace 150 años • Uno de los fósiles más «curiosos» es un excremento (cacota) de Tyrannosaurus rex que mide 50 cm de ancho y pesa 7 kg • El fósil más completo de dinosaurio encontrado hasta ahora es el de un Brachylophosaurus que vivió hace 77 millones de años. El 90 % de su cuerpo estaba recubierto de piel y músculos e incluso conservaba en su estómago su última comida.

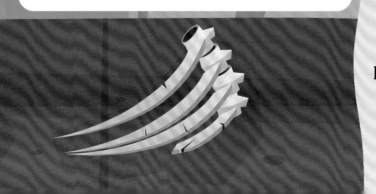

¿CÓMO hacían los egipcios las momias?

Los antiguos egipcios creían que al morir, su espíritu —al que llamaban «ka»— iniciaba un largo viaje hacia el reino del Más Allá y para eso necesitaba lucir un aspecto estupendo. Por ello el cuerpo de las personas que fallecían se sometía a un laborioso proceso, llamado embalsamamiento.

QUÉ SE NECESITA PARA EMBALSAMAR

CUERPO

INSTRUMENTAL

SAL (NATRÓN)

ACEITES

SACERDOTE

VENDAS DE LINO

VASOS CANOPOS

SÍMBOLOS Y AMULETOS

BA

ANKH

OJO DE HORUS

ANILLO SHEN

ESCARABEO

KA

SACERDOTE

1 Cuando un egipcio moría, se llevaba su cuerpo a los **embalsamadores**, que eran los encargados de «preparar» a los fallecidos para su viaje al otro mundo. Eran muy respetados, ya que se pensaba que su habilidad para este trabajo procedía de un don divino y que estaban en contacto directo con los dioses cuando lo realizaban.

2 Lo primero que hacían era depositar el **cuerpo** en una **mesa** de piedra o madera y **limpiarlo** cuidadosamente con agua del río Nilo.

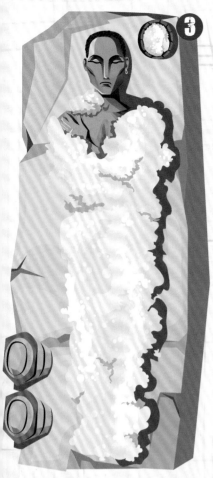

3 Después, le **quitaban** cuidadosamente los **órganos internos**: el estómago, el hígado, los pulmones… Todos, menos el corazón, ya que se pensaba que este órgano era necesario en la otra vida, pues en él se guardaban los sentimientos. Los órganos se depositaban en unos vasos especiales, llamados **canopos**. Luego se cubría todo el cuerpo con **sal** (natrón) y se mantenía así durante 35-40 días. Así se **deshidrataba** totalmente, y de esta forma no se descomponía.

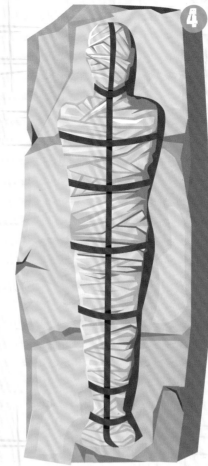

4 El cuerpo se **rellenaba** entonces de distintos materiales: serrín, especias, trozos de tela untados con aceites aromáticos… Una vez relleno, se envolvía todo el cuerpo con **vendas**, generalmente de lino e impregnadas en resina. Este «envendamiento» se hacía siguiendo siempre un solemne **ritual**, durante el cual el embalsamador recitaba **oraciones** a los dioses.

TODO PARA EL MÁS ALLÁ

El sarcófago se metía después en el interior de una cámara funeraria que contenía también muebles, peines y otros objetos de aseo, comida e incluso… momias de mascotas.

5 Por último, se introducía el cuerpo en un **sarcófago**, si pertenecía a la clase adinerada.

CURIOSIDADES

Solo los egipcios más ricos, además del faraón y su familia, podían encargar su momificación, ya que además de costosa, era un proceso largo que duraba unos… ¡70 días! • Era frecuente que entre las vendas se introdujeran pequeños amuletos y algunas tiras de lino con frases sacadas del «Libro de los Muertos», el texto más importante en la antigua cultura egipcia.

¿DE QUÉ ESTÁN HECHAS LAS COSAS?

Madera, metal, plástico, cristal... Las cosas están compuestas de distintos tipos de materia y esta, a su vez, tiene en su interior unos «ingredientes» muy pequeños, pequeñísimos: los átomos, que además de ser muy activos, son los responsables de la forma, el estado y otras muchas características de las cosas que nos rodean.

MATERIA

MOLÉCULAS

MOLÉCULA

El filósofo griego Demócrito afirmó en el año 400 a.C. que el átomo era la parte más pequeña e indivisible de la materia.

ÁTOMOS

ÁTOMO

1 Todo lo que existe a nuestro alrededor es **materia**. Y toda la materia está formada por **átomos** de los **elementos químicos**.

2 Los **átomos** se pueden unir para formar moléculas. A estas uniones se las conoce con el nombre de «enlaces».

3 Los **átomos** son la porción más pequeña de la materia y están formados por partículas con carga eléctrica negativa (los electrones), positiva (los protones) y los neutrones, sin carga.

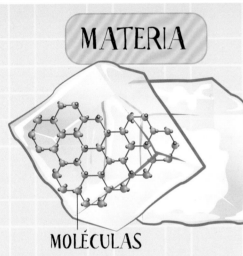

CURIOSIDADES

Los átomos son mega-ultra-súper pequeños: su diámetro equivale a... ¡la centesimomillonésima parte de un centímetro! • Para calcular más o menos la cantidad de átomos que hay en el Universo habría que utilizar un número formado por un 1 seguido de 80 ceros... • En una mota de polvo hay alrededor de 2 000 millones de átomos.

4 La **fuerza** con la que **átomos** y **moléculas** están unidos entre sí es la que explica que la materia pueda presentarse en **distintos estados**, fundamentalmente tres: **sólido, líquido y gaseoso**. Es decir, las cosas sólidas (un juguete), las líquidas (el agua) y las gaseosas son diferentes porque sus átomos o moléculas están ordenados dentro de ella de forma diferente y unidos entre sí con distinta intensidad.

Los **LÍQUIDOS** tienen unas moléculas que están próximas entre sí, pero ni mucho menos hay la unión que se produce en los sólidos. Por eso, los líquidos tienen volumen, pero carecen de forma.

En las cosas **SÓLIDAS**, los átomos y moléculas están fuertemente unidos entre sí, y por eso la mayoría de ellas son duras y tienen un volumen y una forma definida.

En los **GASES**, los enlaces que unen a átomos y moléculas son muy, pero muy débiles, lo que hace que estén muy separados entre sí y se muevan rápidamente. Por esto los gases son tan, tan, tan ligeros que no los podemos agarrar.

EL AGUA, 3 EN 1

El agua es una de las sustancias que pueden pasar por los tres estados de la materia: cuando está en estado sólido (hielo) (1) y se calienta, la unión de sus átomos se debilita tanto que se separan entre sí y pasan al estado líquido

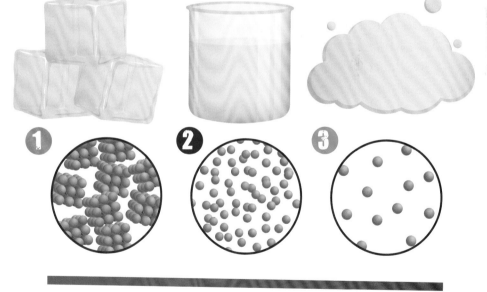

(2). Si esta agua se sigue sometiendo a calor hasta hacerla hervir, la separación de átomos y moléculas es tan grande que van cada uno por su lado y se transforma en gas (vapor de agua) (3). Y si ese vapor de agua, por ejemplo, se «atrapa» en un congelador y se enfría, las partículas vuelven a fusionarse, dando lugar a materia sólida.

¿POR QUÉ BORRA LA GOMA DE BORRAR?

El efecto que produce la goma de borrar en las letras, dibujos y demás trazos que se hacen con lápiz puede parecer cuestión de magia. Pero este invento, imprescindible para ti hoy en día, tiene un origen mucho menos misterioso de lo que algunos piensan y, además, es resultado de una serie de hallazgos casuales.

AMÉRICA CENTRAL Y DEL SUR

HEVEA BRASILIENSIS

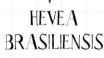

1 La **goma de borrar** procede de la savia de un árbol llamado «Hevea brasiliensis», conocido como **árbol del caucho**. Este árbol es muy abundante en los bosques de **América Central y del Sur.**

2 Los habitantes de esas zonas descubrieron hace muchos siglos que el **«jugo»** que extraían del tronco de este árbol, cuando se endurecía, formaba una sustancia, el **látex**, que era muy **elástica**, y por eso lo usaban para varias cosas.

3 Por ejemplo, los colonos europeos que llegaron a esas tierras observaron cómo los autóctonos cubrían sus **zapatos** y su **ropa** con esta sustancia cuando llovía para evitar mojarse. Pero lo que más les llamó la atención fue las curiosas **pelotas** que fabricaban con ella y que rebotaban de una forma tan potente que parecían «hechizadas».

PELOTA MAYA

4 Fue así cómo decidieron llevar el látex a **Europa**, donde pronto se descubrió un nuevo uso a esta sustancia: su capacidad para **borrar** los **trazos** hechos con otro invento que se había popularizado recientemente: el **lápiz**. Pero además de su elevado precio, se pudría enseguida y olía mal.

CHARLES GOODYEAR

5 La solución (se dice que fue por casualidad) vino de la mano de **Charles Goodyear**, el mismo que inventó los famosos **neumáticos**. Goodyear descubrió que si esa goma se mezclaba con azufre y se calentaba –un procedimiento llamado **vulcanización**–, se volvía más dura, pero seguía igual de elástica, y, sobre todo, era más duradera. Fue así como en **1844** nació oficialmente la **goma de borrar** tal como la conocemos hoy en día.

¿CÓMO ELIMINA EL RASTRO DE LÁPIZ?

La goma borra las cosas escritas a lápiz debido al rozamiento por fricción. La mina de los lápices está hecha de una mezcla de grafito y arcilla, que desprende partículas que quedan atrapadas entre las fibras de papel. Cuando la goma pasa por encima de estas partículas, se produce una electricidad estática que las «atrae» y se forman esas virutillas que siempre tenemos que limpiar al terminar de borrar.

CURIOSIDADES

El látex está presente en aproximadamente más de 40 000 productos de distintos ámbitos • Antes de patentarse la goma de látex, se utilizaba miga de pan para borrar los trazos hechos con lápiz • En 1858, Hymen Lipman unió dos inventos y creó uno nuevo muy práctico: puso un trozo de goma en uno de los extremos de un lápiz, creando así el lápiz con goma.

¿CÓMO SE FABRICA EL PAPEL?

Los periódicos y revistas, los libros, tus cuadernos, esos cuentos que lees y relees... nada de eso podría existir sin el papel.

1 El proceso de fabricación del papel comienza... en los **bosques**. En efecto, la materia prima es una **mezcla** de **fibras vegetales**, principalmente celulosa, que se obtienen de la **corteza** de los **troncos** de los árboles. Estas fibras son muy abundantes en los abetos, pinos, álamos y abedules, entre otras especies.

2 Una vez que los árboles seleccionados se talan, son **transportados** en camiones especiales a las **fábricas de papel**. Allí, se le quita la corteza a los troncos y se **cortan** en **trozos** muy pequeños de madera.

3 Se forma entonces una **pasta** añadiendo a los trozos de madera **sustancias químicas** y se «cocina» la mezcla a **altas temperaturas**. Es habitual que a la mezcla se incorporen otros elementos como, por ejemplo, trozos de algodón.

4 De ahí, la pasta pasa a una **mezcladora** enorme en la que se le añaden sustancias como la **resina** y la **albúmina**, que son las que hacen que el papel sea de **buena calidad**, impidiendo, por ejemplo, que absorba la tinta.

5 Empieza entonces un viaje de la pasta a través de un buen número de **cintas**, **cilindros** y **bobinas** que van **secando** la mezcla y **comprimiendo** las fibras que la componen, transformándola poco a poco en una **hoja continua** y dando al papel su color blanco característico. El «casi papel» se somete entonces a unos **cilindros calientes** que **alisan** y **suavizan** su superficie y «rematan» el acabado.

6 Todo este proceso da como resultado una **enorme hoja de papel**, que se enrolla a su vez en una bobina también muy grande. El papel ya está listo para los mil y un usos que le damos.

MISMO PROCESO, DISTINTOS PAPELES

Hay unos 500 tipos de papel que se diferencian por su grosor, textura, color, etc. Las distintas características se consiguen añadiendo, según el resultado deseado, mayor o menor cantidad de fibra, distintas sustancias (para que queden más o menos blancos o satinados), etc.

CURIOSIDADES

Las fábricas de papel son enormes, tanto que algunas de ellas pueden llegar a medir lo mismo que... dos campos de fútbol • Para fabricar una tonelada de papel son necesarios alrededor de 115 000 litros de agua • Se calcula que cada persona consume una media de 48 kg de papel cada año • Una de las ventajas del papel es que se trata de un material altamente reutilizable: se puede reciclar hasta 11 veces.

¿CÓMO SE HACE LA ROPA QUE LLEVO?

Aunque a veces pudiera parecer que la ropa «brota» de las perchas de las tiendas, su fabricación es el resultado de un largo proceso que se inicia con un «plano» -diseño- de las características que va a tener la prenda y termina cuando esta pasa a formar parte de tu armario.

1 Todo vestido, pantalón, falda, camiseta, abrigo, etc. fue en el principio un **dibujo** sobre un **papel** o lo que es lo mismo, un **diseño**. Este es el primer paso. En este boceto no solo se refleja con todo detalle la **forma** que va a tener la prenda sino también sus **características** –cuántos botones tendrá, si lleva bolsillos o no, el tipo de cuello, los adornos…–, así como el **color**.

2 Después, el **diseño** de la prenda se reproduce exactamente en un **papel especial** –generalmente papel manila–. Este dibujo se llama **«patrón»**, la fase de producción en la que se realiza se conoce como **«patronaje»** y los encargados de llevarlo a cabo son los **«patronistas»**.

CURIOSIDADES

El primer centro comercial donde se vendía ropa data de la antigua Roma • Hasta el siglo XIX, a los niños se les vestía como a los adultos. No había ropa diseñada para ellos.

El **patrón** se coloca sobre la **tela elegida**, sujetándolo con **alfileres** (también se suele dibujar el contorno de la prenda sobre la tela con unas tizas especiales, que se borran fácilmente). Es una **fase** muy **importante**, ya que el objetivo es que la tela tenga exactamente el mismo tamaño y forma que el patrón.

4 Ahora toca **cortar la tela**, algo que se hace con unas herramientas **especiales** (cuchillas circulares, plancha de corte…). En este paso del proceso se **cortan** todas las **piezas** de la prenda (mangas, perneras, espalda…) y luego se «**montan**» de forma ordenada.

NATURALES, ARTIFICIALES... Y MEZCLAS

Durante muchos siglos, la ropa solo se elaboraba a partir de tejidos naturales: lana, seda, lino y algodón, principalmente. A principios del siglo XX empezaron a desarrollarse tejidos llamados artificiales, que proceden de un componente natural, pero cuyas fibras están manufacturadas. Hoy día la mayoría de las prendas son una mezcla de varios de ellos.

5 Para unir todas las piezas de la prenda, se hace una **primera «cosida»** con hilo y, después, se pasan por las **máquinas de coser industriales**. De esta forma, las piezas quedan fuertemente unidas y la prenda adquiere su forma definitiva.

6 El paso final es añadir las **etiquetas** en las que se refleja no solo la talla y las características de los tejidos, sino también información tan importante como las instrucciones de lavado.

21

¿DE DÓNDE SALE LA LECHE?

2 Luego la leche pasa a una cisterna para poder transportarla.

1 El granjero ordeña a las vacas en el establo (de forma manual o mecánica) y su leche llega a un depósito donde se conserva en frío para que no se estropee.

4 En la fábrica, la leche se calienta a una temperatura muy alta para matar los microbios.

No, la leche no sale de las estanterías del supermercado, ni tampoco de la nevera. La obtenemos de las vacas (y de las ovejas y las cabras), pero en cuanto se recoge, la leche se estropea a gran velocidad, por lo que hay que llevarla a toda prisa a la fábrica...

3 Varias veces a la semana, un camión recoge la cisterna y lleva la leche a una fábrica.

¿QUÉ OTROS PRODUCTOS SE HACEN CON LA LECHE?

El yogur, el queso, la nata, la mantequilla y la cuajada, entre otros. Se llaman productos lácteos.

6 Una envasadora introduce la leche en bricks o botellas.

5 Se retira toda la nata de la leche, haciéndola girar muy deprisa. Luego se volverá a añadir, según se quiera que tenga más o menos grasa.

LECHE ENTERA

LECHE SEMI

7 ¡Listo para salir a las tiendas!

El queso es uno de los derivados lácteos más consumidos en el mundo. Aunque aquí aprenderemos cómo se produce en una fábrica, también se puede hacer artesanalmente con una esmerada elaboración.

¿CÓMO SE HACE EL QUESO?

1 Como en todos los lácteos, para hablar de la materia prima del queso hay que acudir a su origen, la **leche**, y más concretamente, a los animales que la producen: la **vaca**, la **cabra** y la **oveja**, principalmente.

2 La fabricación industrial del queso comienza en unas **salas de «ordeñado automático»** que permite obtener la leche de forma rápida.

CURIOSIDADES

Hay al menos 2 000 variedades distintas de queso • Cada año se producen en el mundo alrededor de 20 millones de toneladas de queso (está claro que es un alimento que cuenta con muchos seguidores…) • ¿Sabías que las personas amantes del queso tienen un nombre? Se llaman «turófilos».

3 La leche recolectada se pone entonces en una **cuba** muy grande y se somete a un proceso llamado **pasteurización**, para «limpiarla» de los posibles **gérmenes** y demás **impurezas** que pueda contener. Para ello, se pone la leche a una **temperatura muy alta** durante unos **segundos**.

4 Después, se le añaden unas **sustancias** (fermentos lácticos y coagulantes) que hacen que el queso pase de líquido a sólido y adopte forma de **cuajada**. Se espera entonces a que la «masa de leche» se vaya secando.

5 Cuando está lo suficientemente **compacta**, se **corta** y se introduce en moldes cilíndricos, sometiéndola a un proceso de **prensado** para que termine de soltar el líquido que aún pueda contener. Al queso, que ya tiene su forma casi definitiva, se le añade **sal**, para darle sabor y para que se conserve en buen estado durante mucho tiempo.

6 Los quesos se conservan durante un **tiempo** determinado a una **temperatura** y **humedad** específicos, según el tipo de queso. Pasada esta fase de «maduración», ¡estarán listos para consumir!

CUANDO EL QUESO DUERME

Durante el proceso de maduración el queso no solo «reposa», sino que se le somete a procesos como darle la vuelta, para que la maduración sea uniforme, o el «cepillado» de las cortezas —¿te has fijado que la superficie de esa «cáscara negra» que suele cubrir los quesos está rayada, como si le hubieran pasado un peine por encima?—. Este proceso puede durar hasta dos años.

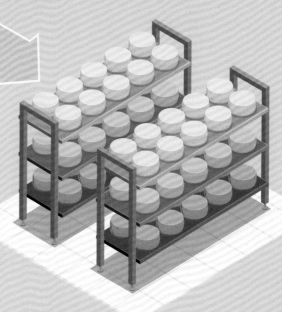

¿DE DÓNDE VIENE EL PAN QUE COMPRAMOS EN LA PANADERÍA?

El pan es, sin duda, uno de los alimentos más deliciosos que existen. Durante muchos siglos, se elaboró de forma artesanal, pero el pan que se compra actualmente en la panadería es el resultado de un proceso industrial llamado «panificación».

1 En la actualidad, la mayoría del pan que consumimos se elabora de forma **mecánica**. Sea artesanal o industrial, para hacer pan se necesita la materia prima fundamental, que es la **harina** extraída del **trigo**, aunque también se puede elaborar con otros cereales como el **centeno**, el **maíz**, la **avena**, etc.

2 Esta harina se obtiene como resultado de un proceso que se inicia con la **recolección** de los granos de trigo, separando los más adecuados, y sigue con un procedimiento llamado **molienda**, que consiste en «triturar» los granos, obteniendo así la harina.

El siguiente paso es el **amasado**, que consiste en mezclar la **harina** con los otros ingredientes fundamentales del pan: **agua** y **levadura**, principalmente. Es en este momento cuando se le da al pan su forma característica: barra, rosca, bollo…

Después, el pan se deja **en reposo** (se **fermenta**) durante un tiempo, y se cuece en unos **hornos** especiales.

Cuando el pan se **enfría**, se **empaqueta** y se coloca en almacenes especiales. Desde allí es **repartido** a todas las **panaderías**, ya listo para saborear.

EL EFECTO MÁGICO DE LA LEVADURA

Las levaduras son en realidad hongos. La levadura es la responsable de los «ojos» o «agujeritos» que tiene la miga del pan y también la que hace que la masa «crezca» y da al pan su sabor característico.

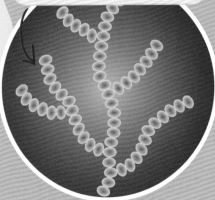

LEVADURA VISTA AL MICROSCOPIO

CURIOSIDADES

El origen del pan es antiquísimo; el pueblo babilonio ya lo conocía, pues el horno para cocer pan más antiguo que se ha encontrado data, aproximadamente, del 4000 a.C. • Un dato curioso: en Roma existían hornos públicos para cocer pan que podía utilizar todo el mundo • La palabra 'compañero' viene del latín «cum», que significa 'junto a', y «panis», 'pan': 'el que comparte el pan'. Bonito, ¿verdad?

¿CÓMO FUNCIONA UNA LLAVE EN UNA CERRADURA?

Si crees que abrir una puerta es tan fácil y simple como introducir su llave en una cerradura, estás muy equivocado. Toda cerradura encierra en su interior un complejo mecanismo que «reacciona» abriendo la puerta cada vez que se introduce en él la llave adecuada.

1 Hay muchísimos tipos y modelos de cerraduras, pero en todas ellas siempre hay dos elementos imprescindibles: el **tambor** y el **bombín** o **cilindro**, que actúan como «directores de orquesta» de todo el mecanismo.

TAMBOR

BOMBÍN O CILINDRO

CURIOSIDADES

Las primeras cerraduras se inventaron en China hace más de 4 000 años, aunque fue en el Antiguo Egipto cuando se popularizó este método para garantizar la seguridad de las casas y los templos • Durante mucho tiempo, las llaves fueron de madera. La más grande encontrada procede de Irak, es del siglo VIII a.C. y mide… ¡más de un metro de alto! • El «padre» de las cerraduras actuales es el ingeniero norteamericano Linus Yale, que la patentó en 1861.

2 El tambor puede girar y contiene una serie de piezas metálicas y cilíndricas llamadas **pernos** o **pines** (A), que se mueven hacia arriba o hacia abajo en función del giro de la llave (al abrir o cerrar la puerta).

3 El cilindro, también llamado bombín, está separado del tambor por una **línea de corte** (B). Dentro de él hay una pieza, llamada **leva**, que es la que va a transmitir al cilindro el movimiento que hace la llave.

4 Al girar la llave hacia la **izquierda** (para abrir la puerta), los **pernos** se **elevan**, liberando así el tambor.

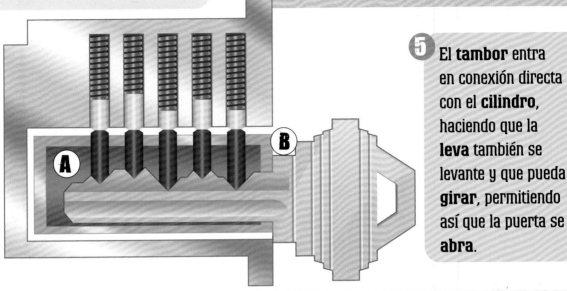

5 El **tambor** entra en conexión directa con el **cilindro**, haciendo que la **leva** también se levante y que pueda **girar**, permitiendo así que la puerta se **abra**.

6 Al **cerrar** la puerta (girando la llave en sentido contrario, esto es, hacia la **derecha**) el mecanismo es justo **al revés**: la leva vuelve a inmovilizar el cilindro y los pernos del tambor se bajan, quedando así la cerradura bloqueada y la puerta, por tanto, perfectamente cerrada.

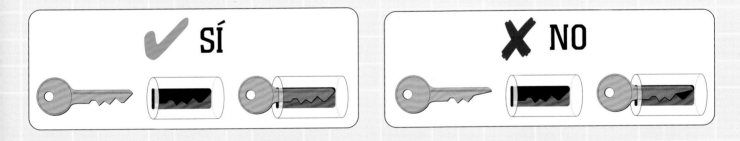

✔ SÍ   ✘ NO

A CADA PUERTA, SU LLAVE

Todo este mecanismo solo puede activarse con la llave adecuada. Y es que hay una llave única para cada cilindro, por eso solo se puede abrir la cerradura de una puerta con un modelo de llave. Esta «exclusividad» se consigue actualmente mediante programas informáticos que se basan en los millones de combinaciones que se pueden dar, de forma que las ranuras de cada llave se ajusten perfectamente a la forma y número de los pernos que hay en el tambor. Cualquier diferencia, aunque sea de un milímetro, impide que la llave entre, gire y ponga en marcha todo el mecanismo.

¿CUÁNTOS TIPOS DE ENERGÍA HAY?

Es invisible y no se puede tocar ni agarrar; ni se crea ni se destruye, sino que se transforma y, aunque es única, tiene distintas formas de manifestarse. Estamos hablando de la energía, eso que hace que tu televisión, tu ordenador, la calefacción de tu casa o incluso tu cuerpo funcionen...

1 Hay muchos tipos de energía, pero la principal es el **Sol**, una enorme «pila» que no solo nos proporciona **calor** y **luz natural**, sino que también es la responsable de que se active otro tipo de energía, la **química**, que es la que hace, por ejemplo, que las plantas crezcan y produzcan nutrientes en su interior, lo que les permite servir de alimento a animales y personas.

ÁTOMOS

GAS

CARBÓN

SOL

2 Además del Sol, hay otros elementos que producen energía, como puedes ver en la parte inferior: el **calor** (energía térmica), la **electricidad** (energía eléctrica), el **viento** (energía eólica), los saltos de **agua** (energía hidroeléctrica), los **átomos** (energía nuclear)… Para poder utilizar las diferentes fuentes de energía se someten a distintos procesos de extracción o recolección, producción, transformación y almacenamiento.

3 Por ejemplo, en el caso de la **energía eólica**, se utilizan unos **molinos especiale**s, dentro de los que hay unas máquinas llamadas **turbinas**, que convierten el **viento** en **electricidad**; la energía producida por las **olas** y los **saltos de agua** (hidroeléctrica) es procesada en unas fábricas llamadas **centrales** y transformada en **electricidad**; en las **centrales nucleares** se procesa la energía que se produce al dividir los **átomos** de un elemento químico, el **uranio**, convirtiéndola también en **electricidad**.

RENOVABLES Y NO RENOVABLES

Las fuentes a partir de las que se produce energía son de dos tipos: renovables y no renovables. Las renovables son aquellas que no se agotan porque están presentes de forma continua en la Naturaleza: sol, agua, aire… En cambio, las energías no renovables, que se extraen del interior de la Tierra (carbón, petróleo, uranio, gas natural), sí que pueden agotarse, ya que los fósiles a partir de los que se obtienen tardan miles de años en formarse y «renovarse». Y además de ser limitadas, ¡son muy contaminantes!

PETRÓLEO

VIENTO

AGUA

CURIOSIDADES

Cada hora que pasa, el Sol emite energía suficiente para satisfacer las necesidades energéticas de todo el mundo durante un año entero • La turbina eólica más grande del mundo se encuentra en Hawái: es más alta que un edificio de 20 pisos.

¿CÓMO LLEGA LA ELECTRICIDAD A LAS CASAS?

Ya hemos visto cómo los procesos de transformación de las distintas fuentes de energía acaban produciendo electricidad, pero, ¿cómo llega esa electricidad hasta esa bombilla que ilumina tu habitación?

1 Ya proceda de los combustibles fósiles (carbón, petróleo, gas, uranio), del Sol, el agua o el viento o de cualquier otra fuente de energía, la **electricidad** generada va a parar a las **centrales**, **estaciones** o **plantas eléctricas**, que son unas instalaciones industriales enormes.

En estas centrales la **energía entra** en forma «primaria» y es sometida a distintas fases o pasos por los que **sale transformada** en **electricidad**.

2 El primero de estos pasos se desarrolla en una caldera gigante, en la que el **combustible** se **quema** a altas temperaturas para que libere **energía térmica**, que a su vez pone en funcionamiento una máquina llamada **generador**. Dentro de este hay imanes y bovinas que giran y producen lo que se conoce como **corriente eléctrica** y que es la electricidad «ordenada» dentro de un material especial llamado **conductor**.

3 La corriente eléctrica llega a un **transformador**. Allí se le cambia su fuerza (voltaje) y se convierte en electricidad de «alta tensión», para evitar que pierda fuerza en el proceso de transporte hasta los lugares de consumo.

4 La electricidad sale de la planta o central a través de largos **cables metálicos**, sujetados por las torres de alta tensión, y así llega a las casas, edificios y demás lugares en los que se utiliza.

5 Cuando la electricidad llega a su punto de destino, pasa por otro **transformador** antes de ser utilizada, ya que es necesario **«rebajar» su fuerza** de manera que su voltaje se adapte al de las lámparas, los electrodomésticos, etc.

6 Finalmente, la electricidad ya transformada fluye en forma de **corriente eléctrica** por los cables que se encuentran dentro de las paredes y a los que se accede a través de los enchufes y los interruptores de la luz.

EL CIRCUITO ELÉCTRICO

RECEPTOR — GENERADOR

— CONDUCTOR   INTERRUPTOR

Todos los aparatos que funcionan mediante energía eléctrica tienen en su interior un circuito formado por un interruptor, que «abre» o «cierra» (al encenderlo o apagarlo) el paso de la corriente eléctrica; el generador de corriente (pila o batería); los conductores (cables por los que circula la electricidad) y los receptores, que son los que transforman la electricidad: en luz en el caso de lámparas y bombillas; en calor si se trata de una calefacción, etc.

6 CONTADOR

ENCHUFES

PANEL de INTERRUPTORES

CURIOSIDADES

Cuando sale de la central, la tensión de la energía eléctrica es de 110, 220 o 380 kilovatios (kV), lo que significa «alta tensión». Un kilovatio equivale a 1 000 vatios • Cuando llega a los lugares de consumo, la tensión se reduce muchísimo para adaptarse a los usos «domésticos» y pasa a ser de 380, 220 o 125 vatios (V).

El mando de la televisión, el despertador, las linternas, las radios y, también, la mayoría de tus juguetes funcionan gracias a la acción de una «cajita mágica» que los pone en marcha y que hace posible utilizarlos y disfrutarlos. Estamos hablando de las pilas o baterías.

¿CÓMO FUNCIONAN LAS PILAS DE MIS JUGUETES?

1 Redondas y aplanadas (de botón); cilíndricas, rectangulares; grandes o pequeñas… Hay muchos tipos, pero todas son en esencia lo mismo: un **dispositivo** que convierte un tipo de **energía**, la **química**, en **electricidad**.

CURIOSIDADES

Las pilas o baterías son una fuente de energía muy utilizada. Se calcula que en cada hogar se consumen entre 30 y 50 al año • Las más utilizadas son las alcalinas, pero es muy importante depositarlas en los contenedores adecuados una vez se agotan, ya que son muy contaminantes: una sola pila alcalina arrojada a la basura puede contaminar hasta 1 000 litros de agua • Si se recopilara el total de pilas que se utilizan anualmente en el mundo (unos 15 000 millones) se formaría una columna equivalente… ¡a la distancia de ida y vuelta a la Luna!

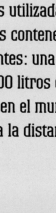

2 Por **fuera**, las pilas son unas **pequeñas latas de acero** que protegen esa central eléctrica en miniatura que hay en su interior.

3 Por **dentro**, tienen varios componentes, pero los protagonistas principales son los **electrones**, unas partículas cargadas de electricidad y que se ponen en marcha como resultado de la reacción electroquímica que se produce.

4 Esta es posible por los dos terminales o electrodos (también se llaman **bornes** o **polos**) que hay en el interior de toda pila: uno **positivo**, llamado **cátodo**, y otro **negativo**, el **ánodo**. El ánodo (polo negativo) es un polvo de metal de zinc, el cátodo (polo positivo) es una mezcla de dióxido de manganeso y carbono.

5 Cuando el aparato, juguete u otro tipo de objeto que contiene la pila se enciende, los **electrones** se **desplazan** a través de un **electrolito** (una sustancia encargada de transportar partículas) desde el electrodo o polo negativo al positivo, creando un **circuito eléctrico**. Así, al ponerse en contacto el material que contienen el ánodo y el cátodo se produce esa **energía eléctrica** que es la que pone en **funcionamiento** los objetos a los que están conectadas las pilas o baterías.

2

4 CÁTODO

5 ELECTROLITO

3 ELECTRONES

4 ÁNODO

FLUJO DE ELECTRONES

CON Y SIN LÍQUIDO, ALCALINAS, DE BOTÓN...

Se pueden clasificar en muchos tipos. Por ejemplo, las hay húmedas o secas, según el electrolito que transporta los electrodos sea líquido (como en las baterías de los coches, que son también un tipo de pila) o sólido-pastoso, como ocurre en la mayoría. Además, las hay de larga duración (alcalinas), de botón,

¿CÓMO FUNCIONAN LOS AUTOMÓVILES?

En el interior de los vehículos hay una compleja maquinaria que se «enciende» cada vez que se acciona la llave o botón de contacto... y el automóvil se pone en movimiento.

1 Embrague, caja de cambios, transmisión, frenos y ruedas, sistema eléctrico... Dentro de un vehículo hay muchas partes y sistemas que funcionan de forma simultánea para conseguir un objetivo común: que se **mueva**. Y lo hacen bajo las órdenes de la pieza más importante, el **motor**, que actúa como un auténtico **director de orquesta**.

2 El motor en la mayoría de los casos es de **combustión**, es decir, funciona con un **combustible**, generalmente **gasolina**. Pero, ¿cómo mueve ese combustible el automóvil?

CURIOSIDADES

El modelo más vendido del mundo es uno de la empresa Volkswagen, el Escarabajo, que fue adquirido por ¡22 millones de personas! • El Bugatti Veyron es considerado el vehículo de serie más rápido del mundo: puede alcanzar los 407 km/h • Los coches eléctricos son el futuro en un mundo que empieza a ser consciente de la necesidad de conseguir una movilidad sostenible.

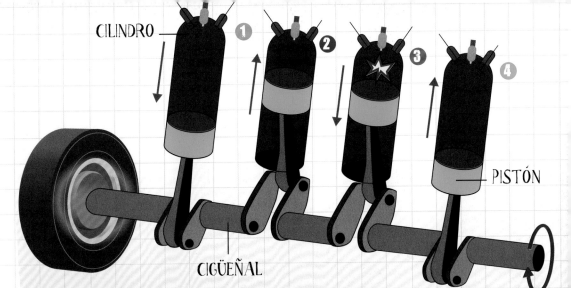

CILINDRO ① ② ③ ④

PISTÓN

CIGÜEÑAL

3 Una de las partes más importantes del motor son los **cilindros** (la potencia de los coches depende, entre otras cosas, del número de cilindros que tenga). Cada uno de estos cilindros tiene una **cámara de combustión** en donde, cuando llega el combustible, se producen unas «miniexplosiones», que son las que producen la **energía** que va a poner el automóvil en movimiento.

1. Admisión: una mezcla de combustible y aire entra en el cilindro.

2. Compresión: las válvulas se cierran y el pistón se mueve hacia arriba.

3. Explosión: la chispa eléctrica de la bujía enciende la mezcla.

4. Escape: el pistón se mueve hacia arriba empujando los gases.

MOTOR

4 Los **pistones** son unas piezas unidas a los cilindros que, cada vez que hay una «explosión», empujan el combustible con un movimiento de sube y baja que, a su vez, activa el funcionamiento de otra pieza, llamada **cigüeñal**, y que es la encargada de transmitir ese movimiento a las ruedas del coche.

OTRAS PARTES IMPORTANTES

La principal misión del volante es controlar el giro de las ruedas delanteras, lo que determina la dirección que sigue el vehículo. Y los frenos son fundamentales para la seguridad del conductor y los ocupantes, ya que son los que permiten detener el movimiento ante una situación de peligro.

RESISTENCIA

¿POR QUÉ VUELA UN AVIÓN?

PESO

Seguro que alguna vez te has preguntado: ¿cómo puede volar un pájaro de metal tan grande como ese? ¿Qué es lo que impide que caiga a plomo con todas sus toneladas resoplando como un gigante agotado? ¡No es magia, ya lo verás!

¿CÓMO SE MANTIENEN LOS AVIONES EN EL AIRE?

Cuando un avión vuela, actúan sobre él cuatro fuerzas; dos en horizontal, en sentido contrario, y dos en vertical, también en sentido contrario. Al impulso del avión, que lo conduce hacia delante por la acción del motor, se opone la resistencia del aire. Y al peso del avión, que tira de él hacia abajo, se opone la fuerza de sustentación, que levanta la aeronave. Para que pueda volar, la sustentación debe ser mayor que su peso, y el empuje de los motores mayor que la resistencia.

SUSTENTACIÓN

Las alas de los aviones son huecas, pero están llenas de combustible; así se aprovecha el espacio en la cabina para personas o mercancías.

IMPULSO

¿Sabes que uno de los componentes que más pesa en una aeronave es su pintura? Hace años se aplicaban unas cuatro capas de pintura, que suponían unos 455 kg de peso adicional en un avión. Ahora solo se necesita una capa de pintura que pesa unos 100 kg, con lo cual también se ahorra mucho combustible.

¿CÓMO SE PRODUCE LA FUERZA DE SUSTENTACIÓN?

Si sacas la mano por la ventana de un coche, la estiras y la inclinas un poco hacia arriba, sentirás una fuerza que la levanta. Es la fuerza de sustentación, y es la que mantiene a los aviones en el aire. En los aviones, es la forma de las alas la que produce esta fuerza.

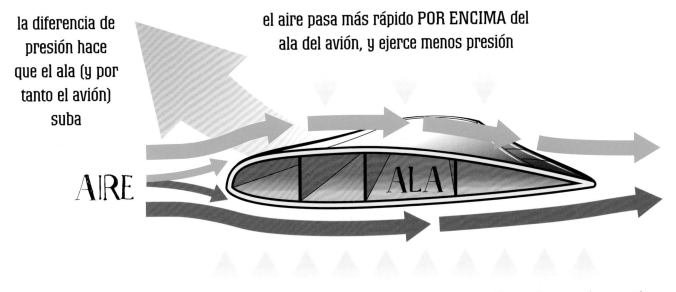

la diferencia de presión hace que el ala (y por tanto el avión) suba

el aire pasa más rápido POR ENCIMA del ala del avión, y ejerce menos presión

AIRE

ALA

el aire pasa más lento POR DEBAJO del ala del avión, y ejerce más presión

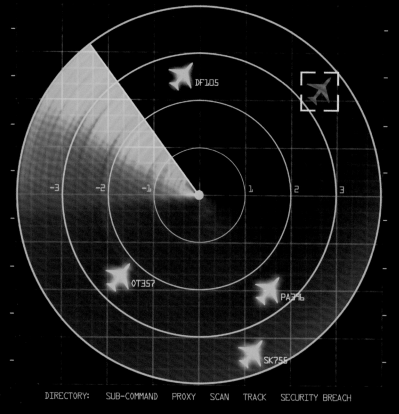

RADAR FLIGHT DATA: SK755 PA396 OT357 DF105

DF105

OT357

PA396

SK755

DIRECTORY: SUB-COMMAND PROXY SCAN TRACK SECURITY BREACH

Puede parecer que un montón de aviones se mueven de aquí para allá en el aire y que, por algún motivo inexplicable, no chocan. Pero claro, en realidad no es así: descubre por qué no colisionan en el aire o en los aeropuertos.

CONTROLADOR

PILOTO

1 Los **controladores** aéreos son los encargados del control del **tráfico** en los **aeropuertos**, guiando y complementando en tierra el trabajo que los **pilotos** hacen a bordo del avión, en la cabina. Pilotos y controladores (los del aeropuerto de origen, los del aeropuerto de destino y, también, otros en la ruta) están en **continua comunicación** por radio durante todo el vuelo.

CURIOSIDADES

La torre de control más alta del mundo es la del aeropuerto de Kuala Lumpur, con una altura de 133,8 m • El aeropuerto más transitado –y en el que, por lo tanto, los controladores tienen una mayor carga de trabajo– es el de Hartsfield-Jackson, en Atlanta (EE.UU.), con 101,5 millones de pasajeros y 883 000 operaciones al año.

¿POR QUÉ LOS AVIONES NO CHOCAN ENTRE SÍ AL VOLAR O EN LOS AEROPUERTOS?

2 Hay dos tipos de controladores: los que están en la **torre o centro de control** y los de **pista**.

3 Los **controladores** que están en el centro o **torre de control** están al mando de la **pista de aterrizaje** y **despegue**, garantizando que todo el proceso se realice de forma rápida, segura y ordenada. Se encargan de **dos tipos** de vuelos: los que están **en ruta**, que atraviesan el espacio aéreo en el que trabajan, pero que no van a aterrizar en ese aeropuerto; y los **vuelos** que se aproximan al aeropuerto para **aterrizar**.

4 El **controlador de pista** es el encargado de autorizar el encendido de los motores, da luz verde al piloto para situarse en la pista o calle de despegue y le da la autorización para entrar en esa pista y despegar.

¿QUÉ PASA EN LA TORRE?

Los controladores de la torre trabajan con sofisticados sistemas informatizados. Los radares son especialmente útiles para su labor, ya que alertan de posibles situaciones de riesgo (por ejemplo, si un avión se acerca a tierra a una velocidad más alta de lo habitual o si dos aviones pasan demasiado cerca uno de otro). Por eso es un trabajo que exige mucha concentración.

¿CÓMO PUEDE SUBIR AL CIELO UN COHETE?

¿Sabías que los cohetes espaciales son las máquinas más veloces inventadas por el hombre? Al igual que otros vehículos, los cohetes se ponen en marcha por la acción de un motor y, también, gracias a la aplicación de una potente ley de la Física: el principio de acción-reacción.

ACCIÓN-REACCIÓN

El «secreto» de la propulsión de los cohetes está en la Física, en la conocida como tercera ley de Newton, que dice que a toda fuerza le corresponde otra de igual magnitud, pero en la dirección contraria. En el caso de los cohetes, esta ley —también llamada de «acción-reacción»— se comporta así: la combustión química que se produce en el motor es muy potente y empuja el aire hacia abajo con muchísima fuerza, produciéndose entonces una fuerza contraria igual de fuerte que impulsa la nave hacia arriba y le permite alcanzar altísimas velocidades.

REACCIÓN

ACCIÓN

La misión principal de los cohetes espaciales es transportar personas (astronautas) y materiales al espacio.

CURIOSIDADES

Para superar la gravedad de la Tierra, los cohetes espaciales deben viajar a una velocidad de más de 40 000 km/h • Los cohetes de los transbordadores espaciales (que funcionan como motores de estas naves) queman unas 5 toneladas de combustible por segundo.

1 Para que los cohetes alcancen el espacio exterior tienen que **volar «hacia arriba»**. Y lo hacen gracias a un sistema que les permite **propulsarse** –darse un empujón– en **vertical** y a **gran velocidad**. Este movimiento de propulsión es fundamental para contrarrestar la atracción que ejerce la fuerza de gravedad de la Tierra.

2 La **propulsión**, a su vez, se produce porque los cohetes tienen **uno o varios motores de combustión**, que transforman el combustible en una potente energía que permite el movimiento en vertical de la nave.

3 Además, los cohetes están **diseñados** especialmente para poder propulsarse: tienen **forma cilíndrica, lisa** y **uniforme** en todo el «cuerpo» y **puntiaguda** en la punta o «cabeza». Esta estructura permite **minimizar** la **resistencia** del **aire**, haciendo que el cohete sea más aerodinámico (y, también, reduce la cantidad de combustible que necesita recargar para mantenerse en funcionamiento).

Los cohetes, a su vez, propulsan otras naves espaciales: el Saturno V fue el encargado de propulsar el vuelo del Apolo XI, la nave que en 1969 transportó a los primeros hombres que pisaron la Luna.

4 Hay cohetes que regresan a la Tierra «enteros» (**cohetes de una fase**) mientras que otros están formados por varias partes, que encajan unas dentro de otras, formando así la estructura del cohete, y de las que se van desprendiendo cuando el combustible de las mismas se acaba, permitiendo así aumentar la capacidad de carga del cohete. Se llaman «**cohetes de múltiples fases**».

¿CÓMO FUNCIONA UN NAVEGADOR GPS?

SATÉLITE (GPS)

1

Los **satélites** del GPS **dan la vuelta** al planeta dos veces al día y **transmiten** la información de la señal **a la Tierra**. Siempre se necesitan al menos **4 satélites** a la vista para conocer nuestra posición.

SEÑAL GPS

SEÑAL GPS

¿QUÉ SIGNIFICA «GPS»?

Significa «Sistema de Posicionamiento Global» («Global Positioning System» en inglés, GPS) y permite saber en qué punto del planeta estamos gracias a 32 satélites que orbitan alrededor de la Tierra. El GPS funciona en cualquier condición climática, en cualquier parte del mundo, las 24 horas del día.

2 El **receptor GPS** recibe la señal del satélite y la convierte en **datos** de **posición, velocidad y tiempo** con un software especial; luego envía la **información** a una antena de la **red** celular.

RECEPTOR

RECEPTOR

Esta tecnología sirve para conocer nuestra ubicación exacta en tiempo real y ya la incluyen cientos de dispositivos. Pero... ¿te has preguntado alguna vez cómo sabe guiarnos el GPS?

¿SOLO EXISTE ESTE SISTEMA DE NAVEGACIÓN?

No, hay otros sistemas: Rusia tiene su propio sistema GLONASS, y en proyecto están el Galileo de la Unión Europea y el BeiDou de China.

ANTENA

Internet

3

Después de **captar** los **datos**, los dispositivos que operan junto con la red celular los **almacenan** y los **envían** a Internet, hasta que llegan a nuestro servidor de información (ordenador, tablet, teléfono móvil, relojes inteligentes…).

CURIOSIDADES

Para que funcione bien el GPS, se necesita disponer de una visión clara del cielo, por lo que no funcionará en el interior de edificios, cuevas, calles estrechas rodeadas de edificios más o menos altos, etc. • El navegador de nuestro dispositivo calcula la ruta que debemos seguir utilizando un algoritmo de búsqueda que intenta encontrar el camino más rápido hasta nuestro destino.

¿QUÉ ES UN MICROCHIP?

Tal vez sea una de las máquinas más pequeñas que existen. Y aunque no los vemos, los microchips están presentes en prácticamente todos los objetos que utilizamos: electrodomésticos, coches, reproductores de música, teléfonos móviles...

1 Un **microchip** es en realidad un **minicircuito integrado** (CI) formado a su vez por miles de **componentes electrónicos comprimidos**. Toda esta tecnología, comprimida, está contenida dentro de una lámina de silicio de menos de 1 cm². La fabricación de los microchips ha sido posible gracias a los importantes avances conseguidos en las técnicas de miniaturización.

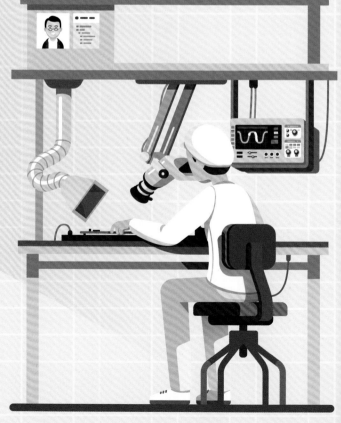

MICROCHIP

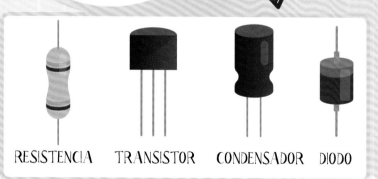

RESISTENCIA   TRANSISTOR   CONDENSADOR   DIODO

2 En cada microchip hay **encapsulados** muchos **componentes**, cada uno de los cuales cumple una función específica. Entre estos componentes están la **resistencia**, el **transistor**, el **condensador** y el **diodo**.

3 Todos ellos son **fundamentales** para el correcto funcionamiento del microchip (y, por tanto, de la tecnología o aparato en la que están incorporados), pero **destaca** el papel del **transistor**, ya que es el encargado de **procesar** la información, es decir, que al recibir «órdenes» a través del resto de los componentes del circuito, se activa –como si fuera un interruptor de la luz– y las convierte en respuestas concretas.

TRANSISTORES

4 El «hermano mayor» del microchip es el **microprocesador**, que sería el **«cerebro»** gracias al cual funcionan los **ordenadores** y, también, los **teléfonos móviles** y algunos tipos de **electrodomésticos**.

5 En los ordenadores, el **microprocesador** –también llamado CPU o unidad central de procesamiento– está **conectado** con otras unidades y es el encargado de realizar todas las operaciones aritméticas y de controlar todo lo que pasa en el ordenador, dando órdenes en función de las cuales trabajan los otros elementos.

OTROS USOS

Los microchips también se utilizan en humanos (por ejemplo, se administran algunos medicamentos a través de chips para que sean más efectivos) y en las mascotas. Si eres dueño de un perro o un gato, tu veterinario te habrá recomendado colocarle un microchip. Estos son del mismo minitamaño que los demás, pero están recubiertos de vidrio y se insertan en la piel del animal (sin hacerles el más mínimo daño). Contienen información que se puede descodificar en caso de que la mascota se pierda.

CURIOSIDADES

La fabricación de un microchip es un proceso muy complejo que en algunos casos supone seguir más de 500 pasos o fases • El inventor del microchip fue el físico e ingeniero norteamericano Jack St. Clair Kilby en 1958 • Cada vez se fabrican microchips más pequeños. Los hay incluso de 5 micromilímetros (medida muchísimo más pequeña que el diámetro de un cabello, que es de 50 micromilímetros).

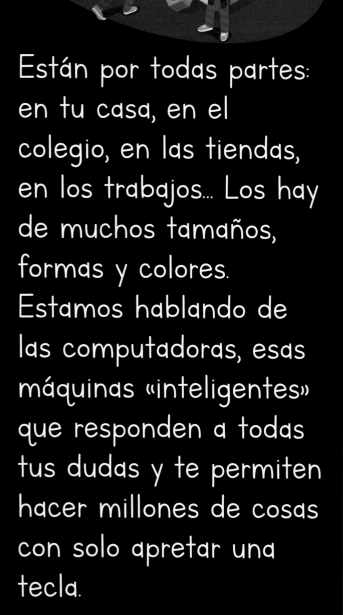

Están por todas partes: en tu casa, en el colegio, en las tiendas, en los trabajos... Los hay de muchos tamaños, formas y colores. Estamos hablando de las computadoras, esas máquinas «inteligentes» que responden a todas tus dudas y te permiten hacer millones de cosas con solo apretar una tecla.

¿QUÉ TIENE DENTRO UN COMPUTADOR?

1 Las primeras computadoras fueron diseñadas como una especie de **calculadora** gigante, con el objetivo de hacer cálculos y almacenar datos numéricos. Sin embargo, pronto se vio que esa «máquina pensante» podía llevar a cabo **muchas más funciones**. Hoy en día son pocas, muy pocas, las cosas que no se pueden hacer con ellas.

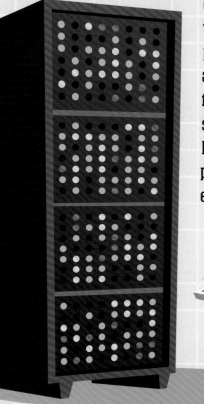

CURIOSIDADES

El computador más potente del mundo se llama «K» y es una máquina japonesa capaz de realizar casi 8,2 billones de cálculos por segundo • Los virus informáticos son los grandes enemigos de su funcionamiento (por eso es importante «vacunarlos» con la instalación de un antivirus). Cada año se ponen en circulación unos 6 000 virus informáticos nuevos.

2 El secreto de su «inteligencia» está en su interior, en las partes o sistemas que lo componen, y principalmente en dos de ellas: el **software** y el **hardware**.

3 El **software** es el conjunto de **órdenes** e **instrucciones** que necesita el computador para funcionar: controlar la entrada y salida de datos, hacer cálculos, localizar información, etc. El software está presente en forma de **programas** o **aplicaciones**, y cada aplicación tiene la función de realizar una **tarea concreta**.

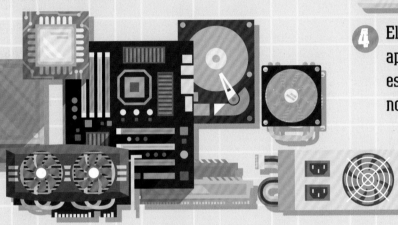

4 El **hardware** es el **computador en sí mismo**, el aparato, y todas las **partes** que lo forman y que están **unidas** a él por **cables**. Por eso reciben el nombre de **periféricos**. Los periféricos pueden ser «**de entrada**» (con ellos se introducen datos en el ordenador), como el ratón, el teclado y el micrófono, y «**de salida**» (proporcionan la información o acción solicitada), como la pantalla, los altavoces y la impresora.

5 Además, hay otro tipo de **periféricos**, llamados de **entrada/salida**, como son los discos duros, los pen drives y las unidades CD-ROM y DVD-ROM, que sirven tanto para almacenar información «fuera» del computador como para incorporarla al mismo. Todo su funcionamiento, incluidos los periféricos, está dirigido y coordinado por el **software**.

SISTEMA OPERATIVO, ¿DÍGAME?

El software está dividido en diferentes sistemas o áreas, y cada una se encarga de unas funciones determinadas. Por ejemplo, el sistema operativo pone el computador en marcha en cuanto lo encendemos, y las distintas aplicaciones se utilizan según la tarea concreta que se quiere realizar (procesadores de texto, hojas de cálculo...).

¿CÓMO FUNCIONA INTERNET?

¿Sabías que todos los ordenadores del mundo están conectados entre sí y pueden intercambiar información unos con otros? Esto es posible gracias a una enorme red informática cuyo nombre seguramente te sonará: Internet.

1 Una **página web** (ya sea un blog, un foro, una tienda online, un sitio web comercial, un gran portal o cualquier tipo de página), se compone de **archivos** (de texto, imágenes, videos, mp3, archivos de diseño web como css, js, html, php y muchos más). Estos archivos tienen que estar almacenados en **servidores web** (computadoras de gran potencia).

2 Imagina que tú eres el usuario que entra a Internet; has abierto tu **explorador** y escribes la **URL** (dirección o dominio) de la **página web** que quieres visitar.

Search

www.elgatoloco.com

GO

SERVIDOR WEB

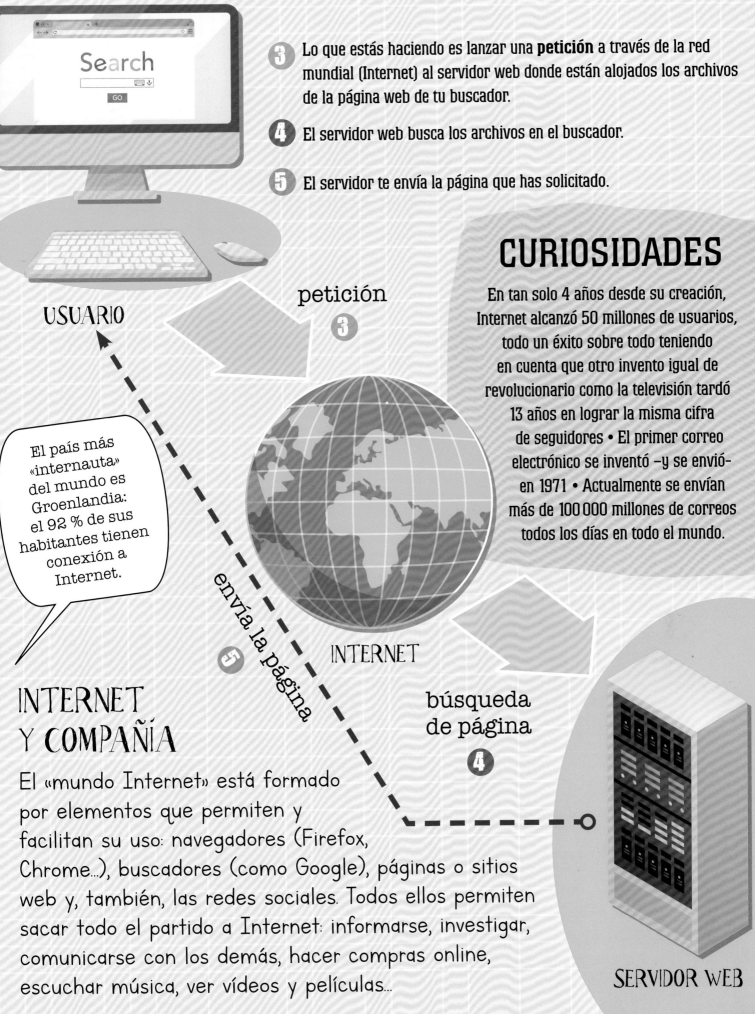

Search

GO

3 Lo que estás haciendo es lanzar una **petición** a través de la red mundial (Internet) al servidor web donde están alojados los archivos de la página web de tu buscador.

4 El servidor web busca los archivos en el buscador.

5 El servidor te envía la página que has solicitado.

USUARIO

petición
3

El país más «internauta» del mundo es Groenlandia: el 92 % de sus habitantes tienen conexión a Internet.

envía la página
5

INTERNET

CURIOSIDADES

En tan solo 4 años desde su creación, Internet alcanzó 50 millones de usuarios, todo un éxito sobre todo teniendo en cuenta que otro invento igual de revolucionario como la televisión tardó 13 años en lograr la misma cifra de seguidores • El primer correo electrónico se inventó –y se envió– en 1971 • Actualmente se envían más de 100 000 millones de correos todos los días en todo el mundo.

búsqueda de página
4

INTERNET Y COMPAÑÍA

El «mundo Internet» está formado por elementos que permiten y facilitan su uso: navegadores (Firefox, Chrome...), buscadores (como Google), páginas o sitios web y, también, las redes sociales. Todos ellos permiten sacar todo el partido a Internet: informarse, investigar, comunicarse con los demás, hacer compras online, escuchar música, ver vídeos y películas...

SERVIDOR WEB

51

¿DE DÓNDE VIENE EL AGUA QUE USAMOS EN CASA?

CURIOSIDADES

El agua subterránea representa el 30 % del total de agua dulce del mundo • Alrededor de 1 313 millones de km³ del total de agua presente en el planeta (un 93 %) es salada • Las plantas de desalinización de agua de todo el mundo consumen cada día más de 200 millones de kilovatios-hora.

AGUA CRUDA

SUCIEDAD

BACTERIAS

DESINFECCIÓN

RÍO

PLANTA DE TRATAMIENTO

1 El **agua dulce se** encuentra tanto en la **superficie** (lagos y ríos) como en la zona **subterránea** (pozos y manantiales). El primer paso para transformar el agua en potable es la **captación**. En el caso de los ríos y lagos, es transportada utilizando su propia corriente, mientras que las aguas subterráneas se extraen y transportan mediante bombas especiales.

2 Una vez «captada», el agua se filtra y es sometida a una serie de procesos físicos, químicos y microbiológicos en las **plantas de purificación o tratamiento de aguas**. Mediante estos procesos, se elimina del agua todo resto de suciedad, arena e impurezas.

El agua que brota al abrir cualquier grifo ha protagonizado un largo recorrido y ha sido sometida a un intenso proceso que la ha convertido en «potable» y, por tanto, apta para el consumo humano.

AGUA POTABLE

CLORO

Cl

Cl

CENTRO DE CONTROL

El agua que abastece los hogares, las escuelas o los hospitales, entre otros, está continuamente vigilada con modernos sistemas informatizados por los centros de control de agua de cada ciudad o región.

DEPÓSITOS

CASA

3 Después, se le añade **cloro**, para desinfectarla. El agua clorada se almacena entonces en **grandes depósitos** durante un tiempo, para asegurar así la potabilización.

4 Una vez que el agua ya es potable, se **transporta** a través de las **cañerías** hasta las ciudades, pueblos y localidades y llega hasta los grifos, las duchas, los sanitarios, las tuberías de los electrodomésticos que la utilizan (lavadora, lavavajillas), etc.

¿QUÉ HAY DEBAJO DE LAS CIUDADES?

1 Los **parkings subterráneos** son una excelente alternativa para depositar la enorme cantidad de vehículos que circulan por calles y avenidas y para los que no hay espacio físico suficiente en el exterior. También es frecuente que algunos edificios y, sobre todo, los centros comerciales, utilicen el subsuelo como una planta más de su estructura.

2 Este espacio es la ubicación natural de un sistema clave para el funcionamiento urbano: la **red de alcantarillado**, esto es, el conjunto de estructuras y tuberías encargadas de canalizar las aguas residuales procedentes de las viviendas, los edificios y, también, de la lluvia (las alcantarillas tienen una importante función «drenante» que evita que las ciudades se inunden).

CURIOSIDADES

En Toronto (Canadá) se encuentra el mayor centro comercial bajo tierra del mundo. Está formado por una red de túneles de más de 28 km y cuenta con 1 200 tiendas y locales • El subsuelo de Tokio (Japón) está recorrido por «La Catedral», la alcantarilla más grande del mundo, compuesta por cinco enormes tanques cilíndricos conectados entre sí por una red de túneles subterráneos de 6,3 km de longitud • La red de metro más extensa del planeta está en Shanghái (China) y tiene una extensión de 639 km.

Las calles de las ciudades están llenas de vehículos, personas, edificios y prisas... pero existe «otra ciudad» que no podemos ver y que se desarrolla bajo nuestros pies, en el subsuelo. Allí tiene lugar una intensa actividad que seguramente nunca habías imaginado...

3 Una de las primeras ciudades en aprovechar ese espacio fue Londres, que a finales del siglo XIX lo utilizó como vía alternativa de transporte para dar solución al colapso que estaban produciendo en la superficie la cantidad de carruajes de caballos (medio de trasporte top en aquella época), creando así la red de **metro** más antigua del mundo. Actualmente, el metro es uno de los principales «protagonistas suburbanos» en la mayoría de las ciudades del planeta.

UN PAPEL HISTÓRICO

El subsuelo de las ciudades ha tenido también un papel muy importante en acontecimientos históricos como las guerras y bombardeos, ya que en ellos se construyeron los conocidos como «refugios antibombas» en los que se refugiaba la población en cuanto oía sonar las alarmas que indicaban la cercanía de un avión enemigo.

Otros «habitantes» del subsuelo urbano son los cables de fibra óptica, que es la tecnología que hace posible la telefonía móvil, la televisión por cable y el uso de Internet.

43 Street Station
owntown A D B

3

¿CÓMO SE RECICLA LA BASURA?

Más de un kilo al día. Esa es la cantidad de basura que, como media, generamos cada uno de nosotros, y si la multiplicamos por la cantidad de habitantes que hay en el planeta, la cifra es exorbitante. Por suerte, ¡una parte importante de esos residuos se puede reutilizar o reciclar!

1 El **reciclaje** de **basura** se inicia cada vez que depositamos un residuo en el **cubo** de la basura. Para facilitar esta labor, en la mayoría de las casas ya hay cubos con apartados separados para los **distintos tipos de residuos**: plástico, papel, vidrio y orgánicos (que son todos los restos de comida: peladuras de fruta, espinas de pescado, bolsitas de las infusiones…).

CURIOSIDADES

El 35 % de la basura generada en los hogares es materia orgánica y se trata sobre todo de restos de comida • El país con mayor tasa de reciclaje es Suiza (52 %), seguido de Australia (50 %) y Alemania (48 %) • El aluminio es un material que se puede reciclar una y otra vez.

2 La basura de los hogares se deposita a su vez en los **contenedores** correspondientes, según el tipo de material del que se trate. Ahí es recogida por los camiones de basura, que la trasladan a su siguiente destino: unos **depósitos** –las plantas de transferencia– en los que los residuos se dejan caer en unos huecos sellados (para evitar los malos olores).

3 Desde allí pasa a la **planta de tratamiento y reciclado**, donde se coloca en una enorme cinta y se va separando y clasificando según el tipo de residuo que sea: vidrio, metal, papel, plástico...

> Los metales pueden fundirse para dar lugar a metales nuevos; el plástico se usa para fabricar nuevos productos, mientras que la mayoría de los residuos electrónicos se reutilizan.

4 Los **materiales reciclables** y **reutilizables** se compactan en enormes **cubos**, y el resto se envía a vertederos controlados. Los «residuos compactados» se someten entonces a un proceso de transformación que puede ser de reciclaje o de reutilización, según el tipo de material.

DE PELADURA DE MANZANA A COMPOST

Los residuos orgánicos siguen un proceso distinto al resto. Tras separarlos e identificarlos, se someten a un proceso biológico controlado de oxidación denominado compostaje y se transforman en un tipo de abono orgánico llamado compost, muy utilizado en agricultura y jardinería.

¿QUÉ ES UNA CIUDAD SOSTENIBLE?

El estilo de vida de las ciudades resulta perjudicial para la conservación de los recursos naturales, y por eso se han empezado a poner en marcha medidas para conseguir la sostenibilidad. Una ciudad sostenible es aquella que ofrece calidad de vida a sus habitantes sin poner en riesgo los recursos.

Hay muchísimas cosas que todos podemos hacer para conseguir esa sostenibilidad: apagar la televisión cuando no la estamos viendo, no derrochar agua, reciclar la basura; usar el transporte público; aficionarnos a la bicicleta...

1 No hay un solo modelo de ciudad sostenible, sino que las medidas se adoptan según las características de cada una y, también, de sus habitantes, pero hay una serie de requisitos que deberían cumplir todas aquellas urbes que aspiran a la **sostenibilidad**. Una de ellas es favorecer el empleo de las **energías renovables** (solar, geotérmica, eólica...) y disminuir el **consumo energético**.

2 Otro reto importante es **reducir las emisiones de CO$_2$**, que es el principal enemigo de la capa de ozono. Una de las medidas más efectivas para conseguirlo es disponer de una buena **red de transporte público**, para reducir el número de coches particulares en circulación, y crear vías y espacios adaptados a **medios de transporte no contaminantes**, como la bicicleta o el coche eléctrico.

3 Para que una ciudad sea sostenible es muy importante que cuente con una cantidad suficiente de **espacios verdes** (con árboles y plantas) y que estos se conserven de forma adecuada.

4 Fomentar el **reciclaje**; construir **edificios y viviendas sostenibles** (diseñadas para ahorrar agua y energía); utilizar **materiales respetuosos** con el medio ambiente; favorecer el **comercio justo** (priorizando los productos locales, por ejemplo) y renovar y adaptar el **mobiliario urbano** a las necesidades medioambientales son otras iniciativas que definen a una ciudad sostenible.

PRACTICAR LAS TRES «R», UNA GRAN IDEA

Una forma de contribuir a la sostenibilidad de las ciudades es poner en práctica lo que se conoce como «las tres R», reducir, reutilizar y reciclar: reducir los materiales contaminantes y el despilfarro energético; reciclar los residuos y materiales de desecho y reutilizar todo aquello que pueda ser útil de una u otra manera.

CURIOSIDADES

Existen más de 500 millones de vehículos en la Tierra (uno por cada 13 personas, como media) y se calcula que esta cantidad se multiplicará por dos en 2040 • Las ciudades son las responsables del 75 % de las emisiones de CO$_2$, a pesar de que solo ocupan un 3 % del total de la superficie terrestre • En un trayecto corto, un autobús emite 10 veces menos CO$_2$ que un coche particular • Las bombillas de bajo consumo duran hasta 10 veces más que las normales y, además, utilizan alrededor de la quinta parte de la energía de estas.

Contenido